Scappini · Schattenrisse

Gérard Scappini

SCHATTENRISSE

aus einem gekellnerten Leben

P. Kirchheim

Erste Auflage
© 1989 P. Kirchheim Verlag, München
Alle Rechte vorbehalten
Satz: MPM Wasserburg
Druck und Bindung
WB-Druck, Rieden am Forggensee
Printed in Germany
ISBN 3-87410-036-7

Das Schicksal: das ist Deine eigene Vergangenheit

Peter Weiß

*Man ist mit sich allein. Mit den anderen zusammen
sind es die meisten auch ohne sich.
Aus beidem muß man heraus.*

Ernst Bloch

Pascal starrt sich im Spiegel an.

Sein Haar ist gewachsen, Falten schmücken sein Gesicht. Die Gegenwart scheint ungreifbar, nur als Erfindung, um sich darin zu behaupten oder zu verlieren. Die einzigen Beweise seiner Vergangenheit sind Umrisse von Erfahrungen, sein Alter die Gegenleistung.

Er runzelt die Stirn, zieht eine Grimasse.

Siebzehn Jahre schweben zwischen ihm und seinem Spiegelbild. Zwei ungleiche Aufnahmen, aber nur ein Leben und eine Zeit.

Er lächelt niedergeschlagen.

So viele Schlagworte beschreiben seinen Zustand und in die Schlagzeilen geraten ist er noch nie! Doch nach Lachen ist ihm nicht zumute. Hilflosigkeit breitet sich auf seinem Gesicht aus. Er denkt an das erste Buch, das er sich vor sechs oder sieben Jahren gekauft hatte. Allein der Titel hatte ihn angezogen: »Wie alles anfing«.

Pascal erinnert sich an Situationen, die er für begraben hielt: Gesichter flimmern ihm entgegen, Bruchteile von Sätzen harken durch sein Gehirn ...

Sprühregen speichelt auf meine Schultern, ich zuckele zum Bahnhof, eskortiert von meinem Vater. Ich muß nach Deutschland, sechzehn Monate der Patrie dienen. Meine krausen Gedanken fauchen dieses fremde Land an, lechzen nach einer Antwort. Ich jongliere mit drei Namen: Goethe, Hitler und Beckenbauer.

Mein Vater kräuselt die Stirn, steckt mir einen Geldschein in die Hand, nuschelt »wegen der langen Reise« und spendiert gar einen Kaffee in der naheliegenden Kneipe. Er werkelt steif an seiner Tasse. Mir pappen Worte auf der Zunge.

Die ersten Schneeflocken streifen meine Wange, stechen in die Erde hinein. Ich eile in unseren Block, um mein freies Wochenende hinter Kasernenmauern zu planen.

Wir lümmeln auf der Stube, schlürfen Pulverkaffee, kakeln über Sport, diskutieren über die Heimat. Unsere geschälten Schädel mühen sich ab, unser Soldatendasein in diesem Land zu begreifen.

Ob wir auf dieses Volk aufpassen und unsere Nation vor ihm schützen müssen?

Mäandrische Fußspuren verharschen im Schnee. Das Trottoir entlang Autos: eingesargt unter diesem weißen Mantel. Mein Atem beschlägt die Fensterscheibe.

Bestimmt spielen um diese Uhrzeit auf dem Place d'Espagne die Arbeiter Pétanque. Sie kommentieren mit ihrem sonnigen Akzent nicht nur Spielzüge. Andere schauen ihnen zu, geben dabei ihre Mannschaftsaufstellung für das heutige Rugby-Match bekannt, wiegen kritisch die diesjährige Chance des Clubs ab: Meister oder nicht Meister. Gegen Mittag dann, in der Bar des Sports, den göttlichen Aperitif, ein bißchen Wasser, zwei Eiswürfel...

Ich verschnecke mich unter der Bettdecke.

Ich kufe auf einer Sprache, die in meinem Mund
schmilzt. Meine Gedanken straucheln ins Schweigen.
Es besudelt mein Gesicht mit Röte.

Meine Hände zaubern Vokabeln.

Herr Gäbele fährt Rolltreppe auf der linken Spur. Auf seinem glitschigen Gesicht duselt Zahnpastamorgengeruch, seine Zunge hechelt nach Wochenendschlaf und seine gescheitelten Haare ersticken in Brillantineglanz. In dem schwarzen Aktenkoffer lesen seine Frühstücksbrote den Sportteil der Bildzeitung. Er riecht nach Weihwasser, sein brauner Anzug nach Mottenkugeln.

Der Bus ruckt, spreizt seine Türen, träufelt Menschen auf das Pflaster. Alles summt.

Die Stechuhr in der Fabrik geht auf die Pirsch.

Der Umkleideraum erinnert mich an einen Schrott-
platz: die verrosteten Spinde mit den schief hängen-
den, verbeulten Türen ähneln ausrangierten Autos.

Mein Vorgesetzter, Herr Gäbele, schaut mich bissig
an und fast gleichzeitig auf seine goldene Uhr. Dreizehn Minuten Verspätung, eine Stunde Lohnabzug,
brüllt er. Klein und bullig sieht er jetzt aus in diesem
langen grauen Kittel und mit seiner roten Krawatte,
die zum erbosten Gesicht paßt.

Ich beeile mich, eine Entschuldigung hauchend. Mit
den Ziffern einer metallenen Schablone und schwar-
zer Farbe tünche ich eine dreistellige Zahl auf sieben-
undachtzig Holzkisten pro Tag. Und dabei denke ich
an *sie*, als würde ich ihren Körper streicheln.

Meine Mutter berät mich: in einem Land in dem Verbrecher geboren und Mörder heimisch sind, darfst Du nicht leben.

Verena küßt mich. Unsere Tränen schmecken nach geronnener Liebe. Und ihre Mutter durchbohrt mich mit einer Frage: Du, Beruf?

Ich verbuddele meine Jugend.

Hoch-Zeit.

Wir lieben uns. Vor dem Rathaus posieren wir verbändelt zur Erinnerung, stelzen hinaus. Scheel gaffen die Passanten, hupende Autos radebrechen ihre Gratulationen. Ihr Mädchenname purzelt im Gelächter und das Lachen ihrer geschiedenen Mutter prangt unserer Zukunft entgegen.

Die Großeltern führen »Zum goldenen Engel« aus und füttern uns mit pusseligen Ratschlägen. Wir schmausen Rehrücken badische Art und zuzeln roten Kaiserstühler.

Unter den Armen schwitzt mir das Glück.

Ein ratternder Güterzug zertrümmert meine duselige Ruhe, plündert sie aus.

Ein Metronom synchronisiert dieses Leben. Frühmorgens zermalmt der Wecker unseren Schlaf; mit klobigen Bewegungen tapsen wir in die erste Tagesstunde hinein. Am spärlich gedeckten Tisch: unser Schweigen.

Wir lernen uns zärtlich trennen, mit Zahnpasta im Mund. Abends bändeln wir liebevoll an, Schweiß und Falten schmoren im Bauch. Die Liebe erstickt auf Raten: unsere Gefühle gären auf der Bank, wachsen im Bett, verfaulen im Kinderwagen.

Die Fensterscheiben beben vor mir.

Wind raschelt durch die Felder, kräuselt das Getreide. Er bläst mir in den Rücken und prangert mich an. Ich tilge meine Ehe, breche aus diesem Land mit einem Solex aus. Ich fliehe. Meine Freiheit steuere ich an ein gesichertes Ufer, wandle meine Flucht in eine abenteuerliche Heimreise um. Beim Rasten lerne ich einen Jungen kennen, der aus Paris getürmt ist: dort dröhnt die Studentenrevolte. Er schildert die Straßenschlachten, redet vom Vietnamkrieg, selbstverwalteten Betrieben, erwähnt die Gleichberechtigung der Frauen ...

Seine Worte wuchern in meinem Kopf und scheuchen mich auf: ob Verena mit einem anderen in unserem Bett liegt?

Ich fahre zurück, sofort, sogar nachts.

Der Weg zu unserer einst gemeinsamen Wohnung regt zerknirschte Erinnerungen an. An der Haustür verspottet mein Name unsere Vergangenheit.

Pauline hockt in der kaum veränderten Küche am Frühstückstisch und strahlt mich an mit ihrem kakaoverschmierten Mund. Mit einem Typ, der anscheinend hier übernachtet hat, wechsele ich ein paar dürftige Worte und lade mich geziert zum Kaffee ein. Mehrmals von der Kleinen an der Jacke gezupft, bewege ich mich endlich zur Tür.

Wir laufen zur Bushaltestelle.

Meine Tochter hält eine Tüte altes Brot mit der rechten Hand fest, mit der anderen mich. Sie trällert vor sich hin. Im Bus trippelt sie nach hinten, tuschelt mit sitzenden Fahrgästen und zeigt auf mich: Das ist mein Papi, ich habe auch einen Papa...

Die Begrüßung mancher deutschen Freunde klingt wie Beileid aus. Ich bäume mich gegen meinen Groll auf, umarme sie, die so gern in Frankreich leben würden, zärtlich und brüderlich fest.

Das Vaterland zerbröselt in meiner Geschichte, brandet allmählich in einen Spuk aus. Ich geistere durch eine Straße, begegne unbewegten Gesichtern, die ihre herrischen Gestalten unter Trauerschirmrändern pflegen.

Meine Haut kribbelt vor Kälte.

Ich spute mich heim, stolpere über unflätige Worte.

Ich verkrümele mich in einer verstaubten Zeit, betrachte faltenlose schwarz-weiße Bilder: Kinder loten ihre Feinde aus, Zigarettenstäbchen baumeln an ihren dünnen Lippen, Repetiergewehre buchstabieren speiend aus ihrem Mund. Ich stöpsele mein Gedächtnis mit Kindheitsschimmer zu.

Meine Mutter verbietet mir, auf der Straße mit anderen Kindern zu spielen. Dafür hast Du den Garten, entgegnet sie, wenn ich es wage, danach zu fragen.

Drei kleine Mauern mit Moossprossen umzingeln diesen Garten und bedeuten unter freiem Himmel eingesperrt zu bleiben. Sogar das grüne Portal, letztes Hindernis zum Straßenabenteuer, knarrt so laut, daß ich in meiner Aufregung Angst bekomme. Und die verräterischen Fenster können mit ihren glotzenden Augen jeden Moment meiner Bewegungen aufspüren.

In prasselndem Regen schachtet ein Mann die Straße aus. Ich reiße mich von Onkel Louis los und renne hin. Die lockigen schwarzen Haare des Arbeiters triefen von Wasser und die Arbeitsklamotten sehen aus wie nasses Löschpapier. Wollen Sie meinen Regenmantel? frage ich ihn, als er mich anschaut.

Er winkt ab und schaufelt weiter.

Sie! rufe ich ihm noch einmal zu und ziehe den Regenmantel aus, Sie erkälten sich doch.

In seinem offenen Mund goldene Zähne. Er brabbelt irgendetwas in einer Sprache, die ich nicht verstehe, und pustet über die Hand vor dem Mund einen Kuß in meine Richtung.

Pascal, schreit plötzlich Onkel Louis, was stehst Du hier rum? Mit Arabern darfst Du nicht reden, er packt mich am Arm, die schlitzen Kindern den Bauch auf. Wie oft muß ich es Dir noch sagen?

Die Glocke erlöst mich vom starren Lernen. Ich renne in den Schulhof. Jeden Tag eine Viertelstunde Freiheit, überwacht von andächtigen Lehrern, die unsere turbulenten Spiele mit Strafen zu zügeln suchen. Heute bin ich ruhig.

Unter meiner kurzen Hose schiebe ich leicht den Zeigefinger in den Arsch, reibe vorsichtig und halte ihn den Kleineren unter die Nase.

Ich zottele barfuß die Strandpromenade entlang. Unter der Julisonne brutzelt meine eingepökelte Haut und das nasse Gummiband der Badehose schnürt meinen Bauch ein. Auf dem heißen Asphalt schmurgeln meine Fußsohlen und zwingen mich, rasch in die Sandalen zu schlüpfen. Körper fächeln mich an, streifen mich. Fremdsprachengewirr bimmelt in meinen Ohren und regt meine Phantasie zu einem Spiel an.

Ich verdopple meinen Schritt und marschiere aus der Ortschaft hinaus. Unbemerkt kehre ich nach einer gewissen Entfernung um. Zurück zur Ortsmitte tripple ich aufgeregt. Ich lasse zwei, drei Personen vorbeiziehen, und gehe ganz plötzlich auf einen Mann zu.

Scusa Signore, dove si trova Tolone?

Pardon?

Dove si trova Tolone?

Oh lala... J'ai rien compris!

Es klappt, er hat nichts gemerkt. Ich bemühe mich in »seiner« Sprache.

Monsieur, io veux Tolone à pied, dove? und unterstreiche noch mit meinen Händen die Frage.

Ah! Toulon! und er zeigt erleichtert in die Richtung, tout droit!

Unten am Strand brausen Wellen und kippen Menschen um.

Es hämmert in mir. Wir kommen bis zur Tür. Das leere Treppenhaus bietet die letzte Möglichkeit. Zitternd drücke ich auf dreizehn, drehe mich zu ihr um.

Der erste flatterige Zungenkuß lodert in meine stoppeligen Wangen, prickelt in meiner Unterhose.

Luft anhalten, denke ich.

Meine begierigen Hände nesteln in ihrem stoffigen Rücken, ihre spitzen Brüste stacheln gegen meinen Brustkorb. Der Aufzug ruckt, das Licht entblößt unsere Gesichter: Ende unserer Berührung.

Ich stolpere hinaus, lallend: je t'aime.

Ein halbrunder grüner, mit Blumenbeeten gesprenkelter Park weilt unter den morgendlichen Sonnenstrahlen vor der massiven Hoteltür und heißt die Gäste mit seinen Frühlingsfarben willkommen.

Ich habe Frühstücksdienst und lümmele im fensterlosen Nebenraum. Das dumpfe Klingeln des Etagentelefons storniert meinen Traum.
Dritter Stock, guten Morgen.
Hier Schulz, räumen Sie geschwind Zimmer fünf im zweiten Stock ab.
Im zweiten?
Tun Sie doch, was man Ihnen sagt, und er legt rasch auf.

Fluchend steige ich die mit persischen Teppichen gepolsterte Gästetreppe hinunter. Mohamed hudelt wieder auf seinem Stockwerk herum, vom regelmäßigen Picheln angegurtet. Ich denke an Peters gesunden Verstand: Schnaps ist Schnaps, auch im Dienst.
Ich jappe kurz, knöpfe meine weiße Kellnerjacke zu, warte einen Augenblick, klopfe und betrete das Zimmer.
Ein noch im feschen braunen Morgenmantel sitzender Herr grüßt mich zackig, ohne sich umzudrehen.
Ich räume hurtig das Frühstücksgeschirr auf den Etagenwagen und verabschiede mich höflich.
Herr Ober!
Ja, mein Herr?
Der fesche braune Morgenmantel mit seiner karamelierten Hautfarbe besichtigt mich vereinnahmend.
Sie werden mir ab morgen früh das Frühstück um acht Uhr servieren!

Aber mein Herr, ich bediene nicht…

Es ist mit ihrem Etagenoberkellner geregelt, schneidet er mir abrupt das Wort ab und drückt mir zwanzig Mark in die Hand. Es ist für Sie.

Ich stehe gebückt und sprachlos über dem Etagenwagen, den Schein in meiner Hand.

Ich möchte morgens nicht von diesem Neger gestört werden.

Ich verbringe meinen Urlaub in Deutschland, nicht in Marokko, verstehen Sie? ergänzt er zähnebleckend.

Ja, ja, verzage ich und schiebe schrumpfend den Wagen aus dem Zimmer.

Die Mittagssonne saugt durch das geschlossene Fenster an meinen dicken Augen, wärmt die zerstreuten Klamotten auf. Ein nackter Rücken neben mir schnieft. Das rote Licht der Stereoanlage flimmert noch, zwei halbleere Weingläser tändeln.
Ich krauche aus dem Bett.
Versprenkelte Spermaflecken auf dem braunen Bettuch, mein verschrumpelter Schwanz ekelt sich. Ein Hallo furzt aus meinen verstopft lächelnden Lippen, aber das blubbernde Kaffeewasser ruft mich in die Küche.

Die Adresse habe ich mir auf einem Zettel aufgeschrieben:

Romanstraße 17, Frau Koberstein.

Ich flitze nach vorne gebeugt durch eine breite Allee, mit blätterlosen Bäumen bestückt, die Hände in die Regenmanteltaschen gegraben. Ich ziehe die Schulter hoch, den Kopf ein und schütze mich durch den hochgeschlagenen Mantelkragen.

Es schlackt seit heute morgen ununterbrochen.

Novemberwetter, sagen die Leute hier.

Sauwetter, flüstere ich mir zu.

Ich biege links ein, peile nach den Hausnummern. Noch ein paar Häuser. Ich klingle, warte. Hinter der Milchglastür wuselt ein Schatten herum. Die Tür geht auf. Eine Sicherheitskette erlaubt nur einen Spalt. Ein ringelhaariger Kopf steckt sich dazwischen.

Ja? brummt der Kopf.

Guten Tag, ich befleißige mich, so gut wie nur möglich Hochdeutsch zu sprechen, gnädige Frau, Napolitana ist mein Name, bin Chef de Rang im Parkhotel, und der Geschäftsführer hat mit Ihnen heute morgen telefoniert und ein Zimmer für mich reserviert.

Ihre blauen Augen taxieren mich. Ihr rilliges ungeschminktes Gesicht lauscht andächtig.

Ich hab kein Zimmer frei, antwortet sie trocken, ich vermiete nur an ruhige Leute.

Ach so. Aber der Herr... im Parkhotel hat mir doch zugesichert... Sie haben ihm ein Zimmer für mich versprochen...

Wo kommen Sie her? unterbricht sie mich.

Ich? Äh... aus Toulon, korrigiere ich schnell.

Tu... was?

T.O.U.L.O.N., am Mittelmeer, in Südfrankreich.
Ach... Sie sind kein Italiener?
Nö. Ich bin Franzose.
Sie öffnet die Tür ganz, bittet mich herein. Sie sind doch patschnaß, stellt sie schrullig fest. Wissen Sie, erzählt sie jetzt vertraulicher, ich lebe allein, lege großen Wert auf Ruhe und Italiener sind mir einfach zu laut. Sie laufen allen Weibern nach, kochen jeden Tag Spaghetti...
Ich denke an meinen Opa. Er stammt aus Rio Marina.

Wir steigen die Treppen hinab, in den Keller. Dort ruht mein zukünftiges Zimmer: ein Loch! Eine ebenerdige Luke, ein schäbiger brauner Schrank, ein wackelnder Nierentisch auf drei Beinen, ein Stühlchen, ein knarrendes, klappbares Sofa-Bett. Von der Decke hängt eine Birne an einer staubigen Schnur und schimmert ihre Nacktheit aus. Im schummrigen Gang starren Klo, Dusche und Waschbecken.

Schmale Holztische ziehen Furchen durch den Saal, Bierflaschen ähneln Banderillen und stängeln Menschen auf ihre engen Bänke. Wortfetzen und Lachsalven zappeln in Rauchwolken und schwirren bis zu den bunten Papierlaternen auf. Eine Tanzkapelle schmettert Rambazamba-Musik. Ein fleischiger Arm spickt Bierflaschen auf unseren Tisch, leert Aschenbecher, in denen unsere Freizeit schachtelweise verreckt. Ich ziehe die Anzugjacke aus, binde meine Krawatte locker, setze das erste Bier an: es gluckert durch meine Kehle und spült den Arbeitsstaub aus. Mir gegenüber sitzt eine Brünette mit gerade aufgereihten weißen Zähnen und einer kleinen spitzen Nase. Zum Glück spricht sie französisch und schwärmt für Frankreich: die Provence, das Meer, die Gelassenheit der Menschen dort.

Mein Kurszettel steigt.

Sie erzählt über England, das gerade bestandene Abitur, das zukünftige Philosophiestudium, ihren Urlaub, ihre strengen Eltern. Unsere Zuneigung flechten wir ins Gespräch ein. Die fleischige Bedienung bemuttert uns und löscht unseren Durst, kassiert auch gleich. Wir prosten, zischen ein Glas und zwinkern uns zu. Jetzt ertönt Disco-Musik und scherbelt in voller Stärke. Jüngere Menschen toben auf der Tanzfläche.

Ich lüpfe mich, fasse leicht ihre Hand an und fordere sie zum Tanzen auf. Sie neckt mich, ihre braunen glänzenden Augen elektrisieren mich.

Die Stimme Scott McKenzies säuselt San Franzisco.

Wir umschlingen uns, schaukeln mit geschlossenen Augen im Rhythmus der Musik. Ich streichle ihren flauschigen Kopf. Wir küssen uns lang.

Die Menge auf der Tanzfläche bietet Schutz und ermutigt mich. Meine brünstigen Hände berühren, kraulen ihre Brust.

Sie schlüpft mit ihren unter mein Hemd, schubst ihren Bauch gegen meinen.

Ich greife nach ihrer Hand, laufe Richtung Ausgang. Es regnet.

Kribblig schaue ich sie an, küsse sie wieder.

Plötzlich fällt mir das Klo ein. Ich luge über ihre Schulter.

Niemand beobachtet uns.

John werkelt in der weißgekachelten Vorküche, nur von zwei Türflügeln abgeschirmt, hinter dem noblen französischen Restaurant des Hotels. An den hohen Wänden haken breite weißlackierte Regale, vollgestopft mit kostspieligem Geschirr. Er entleert die feinen blauen und roten Porzellanteller, trennt die Speisereste von kleinen und größeren verkupferten und versilberten Töpfen, sammelt in einem Holzkasten die Silberbestecke ein, die auf einem schmalen schäbigen Metalltisch von den Kellnern eingeräumt werden. Auf diesem Tisch thront Johns Weizenbierglas.

A gift from a german waiter, stammelt er aus seinem zahnlosen Mund.

Dieses Glas wird mit allen Alkoholresten aufgefüllt. Und da paßt John genau auf: er schielt ständig mit seinen tranigen, blutunterlaufenen Augen auf die Türflügel, daß kein Kellner ihn um sein Getränk beschummelt.

Mit einer Körperumdrehung stellt er zuerst den überfüllten Holzkasten, dann das entleerte Geschirr aufgestapelt auf einen Küchenwagen hin. Er räkelt sich einen Augenblick lang, zündet eine Selbstgedrehte an, umklammert mit seiner knorrigen Pranke das randvolle Glas, führt es an seine gewölbten Flappen und schlabbert den sämigen Inhalt aus.

Ich schaue mir seine löchrige, garstige Gesichtshaut an. I've no chance, man, I'm a nigger, entgegnet er meinem Blick und schiebt summend den Wagen in die Spülküche.

Schnell zum Umkleideraum, die verschwitzten Klamotten auswechseln. Mein hündisches Lächeln klebe ich am Spindspiegel wie einen Kaugummi fest.

Ich wünsche dem Personal-Nachtportier eine angenehme Nacht, stemple den Tag ab. Draußen atme ich gierig frische Oktoberluft.

Raspelnde Hektik, runtergeschluckter Ärger zerren an meinem Magen. Ich lotse meine Wirrnis in die gegenüberliegende Kneipe und verankere sie dort, wo meine Kellnerkollegen auf mich warten.

Die Begrüßung muntert mich auf. Die Kollegen foppen mich, weil ich so spät komme, bestellen mir ein großes Bier. Ich tätschle die Hand der Wirtin, eine dicke, strubbelig blonde Frau, die uns alle per Vornamen kennt und jedes Mal einen Schnaps spendiert. Ob sie uns mag?

Um den Tisch gerottet prosten wir uns mit dem ersten Bier zu, kippen es, poltern über die Arbeit. Ich schnattere mit, gebe einen aus.

Mein Bierdeckel sammelt Striche ein, meine Stimmung wallt auf. Im Turnus torkeln wir zum Klo. Wir erzürnen uns über den ersten Oberkellner wegen seiner stümperhaften Arbeitsweise, seinen Mangel an Sprachkenntnissen, tadeln und trinken, ächzen und trinken weiter, zermalmen und ertränken unsere Wut. Meine quabbeligen Augen tasten nach einer Uhr, mein Kopf kreiselt. Die Zunge macht nicht mehr mit, verabschiedet sich. Tschüß, Pascal, krächzen die Kollegen, bis Morgen.

Auf der mit Geranien umrankten schmalen Terrasse, überschattet von einer roten Markise, harren dreizehn Tische. Daneben fließt ruhig die Limmat.

Täglich zur Mittagszeit päppele ich hundertzwanzig Personen auf, nur von Joe, einem englischen rotblonden fleißigen Commis de Rang, assistiert.
Ich plaziere auf alle Tische zwei Speise- und Getränkekarten. Die ersten Touristen laufen ein, suchen sich den besten Tisch aus, genießen und knipsen die Aussicht und würdigen uns keines Blicks.
Joe verteilt Brotkörbe, Butterportionen und Wasserkaraffen. Er nimmt die Bestellzettel entgegen, flitzt in die Küche und bringt mir auf dem Rückweg die georderten Getränke, die ich dann austrage. Aus der quakenden, dichtgedrängten Menschenmenge schwirren Wünsche auf:
Ober, noch ein Bier; waiter, more ice-water; Herr Ober, vier Kaffee; Ober, leeren Sie den Aschenbecher; garçon, du pain; Herr Ober, haben Sie uns vergessen?; Cameriere, il conto; Herr Ober, waiter ...

Ich wetze durch die zwei Tischreihen, die Hände von abgeräumtem Geschirr gefesselt. Zwischen meinen Lippen züngelt ein neuer Bestellzettel. Joe schultert das überladene Abstelltablett, grapscht sich die neuen Zettel und hastet in die Küche. Zahlen! ruft Tisch drei.
Ich rechne, kassiere, bedanke mich lächelnd und rasch. Hinter mir stehen vier Personen. Abräumen, die leeren Tassen und Gläser auf ein Tablett jagen, die zerfetzte, bekleckste weiße Papiertischdecke gegen eine ma-

kellose auswechseln, die Karten aushändigen. Weg.
Die heißen Tellergerichte, die Joe soeben abgeladen
hat, können nicht warten.

Ober, bringen Sie mir doch bitte einen neuen Aschenbecher! Ich nicke mit den Augen, auf meine belager-
ten Hände deutend.

Auf dem Rückweg räume ich schleunigst Tisch vier.
Tisch sechs will zahlen, Tisch fünf bestellen. Zügig
neu eindecken, erneut Bestellung aufkritzeln, an Joe
übergeben. Ach, den Aschenbecher, blitzt es in mir,
als Tisch zwölf wieder meckert. Keine Zeit jetzt.
Mein feuchtes weißes Hemd schmiegt sich meinem
Rücken an, meine Füße waten in den Schuhen.

Joe saust Brot holen, grabbelt die neuen Zettel, dies-
mal ohne sie sich anzuschauen. Sein Gesicht trieft, seine rotblonden Haare sind klatschnaß.

Ich addiere gerade die Rechnung für Tisch zehn, als
mich jemand am Arm zupft.

Herr Ober, leeren Sie gefälligst den Aschenbecher,
sonst fliegen Sie hier raus!

Ich drehe mich hastig um, raffe den Aschenbecher, in
dem vier Kippen ausdorren, und werfe ihn in die
Limmat.

Bitteschön, zanke ich zurück.

Joe feixt um die Ecke, wischt sich sein verschwitztes
Gesicht ab.

Es ist still geworden auf der Terrasse.

Der verdatterte pralle Gast rappelt sich auf, eilt Richtung Restaurant und holt den Oberkellner. Er schildert ihm empört die Situation.

Ich befürchte das Schlimmste.

Wissen Sie, verehrter Herr, antwortet Maurice, unser blonder, untersetzter holländischer Oberkellner, an Gästen mangelt es uns nicht, wie Sie es selbst heute Mittag beobachtet haben dürften, aber, fügt er zu meiner größten Überraschung hinzu, wohl an guten Kellnern. Und da habe ich einen, den ich sehr gern in meinen Diensten behalten möchte. Verstehen Sie?

Maurice verabschiedet sich vom Gast. Im Abgehen zwinkert er mir zu und wispert, laß Dich nicht verrückt machen.

Die vierzehn Stunden Arbeit sinken in meinem Körper um. Ich schleppe mich zum Wagen.
In dieser schwülen klebrigen Nachthitze schnauft meine Haut nach kühler Luft.
Um diese Zeit sind die Straßen leer.

Eine Gestalt pendelt auf dem Bürgersteig. Die Ampel springt auf grün. Ich fahre neugierig langsam auf sie zu, erkenne eine rauchende Frau. Sie schaut mich an, lächelt.
Mir ist schwummrig in dieser schäbigen, verlassenen Blendax-Gegend und ich gebe Gas. Im Rückspiegel schwänzelt noch die rauchende Frau. Meine Lust sprudelt auf.
Ich blinke, biege rechts ab, gucke mich um, kehre zurück, fädele mich auf der linken Spur ein, schleiche im zweiten Gang. Ich will die nächste Ampel bei Rot erwischen, um den Ort zu begutachten. Gerade gegenüber steht die rauchende Frau jetzt.

Zwei Scheinwerfer
sitzen mir im Nacken
bringen mein Vorhaben durcheinander
grün
fahre zügig weiter
die zwei Scheinwerfer schwenken links ab
Nachtruhe rollt ein
muß von vorne anfangen
ich schwelle auf
bremse den Wagen ab
bleibe stehen

Mein Blick nagt an ihren Körperteilen. Ein kurzer weißer Lederrock schnallt sich um ihre braunen Schenkel, ein weißes T-Shirt haftet an ihren wogenden Brüsten. An ihren schmalen Hüften baumelt eine dunkle kleine Handtasche. Sie winkt mir zu, drückt ihre Zigarette mit ihren weißen Pumps aus.
Lust knotet in meinem Magen.
Ich fahre direkt zu ihr auf, halte an, kurbele die rechte Fensterscheibe runter, warte erregt einen Augenblick.

Guten Abend, fünfzig mit Schutz, hundert ohne.

Herr Ober, zahlen!

Dieser prägnante Satz kurbelt meine Bewegung an.
Ich überbringe auf einem silbernen runden Tellerchen
die befohlene Rechnung, ziehe mich gekrümmt zurück und warte schnorrend in der Nähe des Tisches.
Hinter meiner schwarzen Fliege klumpt mein Zorn.

Jedes Wort dieser Sprache, jedes Schnalzen im Restaurant züchtigt mein Gesicht. Ich stottere zurück, kaue in mich hinein, bin satt vor Wut.

Nach der Arbeit verpuppe ich mich in eine Kneipe und tüftle unentwegt am Sinn meines Lebens: Apportieren. Ich schütte den Kellner in mir mit Alkohol zu. Als er aus der Kneipe herauswankt, rufe ich ihm zu: Pascal, eh, Pascal, auch ein Direktor muß beim Scheißen seine Hose runterlassen!

Ich bin begeistert.

Vor einem kleinen gut gekleideten Mann probiere ich den Satz schließlich aus. Ich weigere mich höflich seinen Mantel zu holen, lenke seine Aufmerksamkeit auf meine Tätigkeit hin und beschreibe ihm dann den Weg zur Garderobe.

Während er, auf seine hohe Position verweisend, mich beleidigt und empört anbrüllt, denke ich laut: Arschloch!

Gegen Mittag, ich schleiche gerade aus der Herrentoilette, eräuge ich unseren Direktor und knickse mit einem anzüglichen *Mahlzeit*, tänzele weiter. Er zitiert mich mit lässigem Schnippen zu sich, zergliedert dieses *Mahlzeit* als Fabriksprache. Ich bin verdattert, denn diesen Ausdruck habe ich von meinem fixen Deutschlehrer.

Aus seinem feisten rötlichen Gesicht fixieren mich seine blauen Marmoraugen. Er verbietet mir die Gästetoilette aufzusuchen, beschreibt mir den komplizierten Weg zu unserer Personaltoilette. Sie sind da, betont er, um unsere Gäste zu bedienen, nicht um ihre Toilette zu benutzen.

Ich schmolle

er reizt mich

meine Nüstern spannen, mein Mund spitzt sich.

Warum, Herr Direktor? Ist mein Schwanz anders als der Ihrer Gäste?

Ich fliehe, stelle Pascal vorne dran, fange als Kellner hinten an, stakse in die Schule. Ich übe fleißig, erlerne sprechen und schreiben, Farbe erkennen und bekennen. Meinen Haß rüttle ich aus.

Die Prüfungsfeier brummt in meinem Schädel.
Meine Aufmerksamkeit richtet sich ganz auf diese Telefonzelle, die ich torkelnd erreiche. Langsam wähle ich die Nummer. Mein Herz pocht Haß durch meinen Körper. Das Freizeichen ertönt. Wütende Worte sammeln sich, stammeln aber nur in meinem Kopf.
Hallo?
Ich bins... Pascal... eh... habe... Abitur... eh...
Gut, antwortet Mutter, aber hör auf mich und komm endlich nach Hause zurück...
Tränen verwischen meinen Blick. In mir herrscht Stillstand.

Eine ältere Langnese-Verkäuferin stottert die hingefläzten Menschen an, watschelt durch den Saal von Wink zu Wink. Die ausgehenden Lichter färben sie ein, löschen ihr Gesicht aus. Nur ihre Bleichwasserhaare zwicken meine Augen.

Ich denke an meine Tochter, scharre mein Vaterdasein ein, fächle meine Gedanken.

Das Gelispel erstickt, schweigende Schattenrisse saugen die Leinwand auf.

Eine Liebe
bändelt an, währt und hängt
in Deutschland

Langsam bewegen sich die Schatten, stehen die Leute auf. Eine Schlange treppab zum Ausgang formiert sich. Sie ähnelt einer Beerdigung.

Ich vermodere auf meiner dreiteiligen Matratze. Schnee drückt auf die Dachluke und sichelt meine gehorteten Träume ab. Ein Preßluftbohrer krakeelt auf der Straße. Er schlitzt mir die Gehirnzellen auf.

Auf dem Treppenhaus umarmt mich das Klo mit offenem Deckel. Zeitungsfetzen klauben meine schuppigen Augen ab.
Helmut... Anti-Terror-Gesetze... beschummeln... wendig... Jupp-raus-Rufe... nach der verlorenen Schlacht... Ich ziehe.
Meine Nachbarin begrüßt mich. Sie sattelt sich für ihren Tod, hat genug von ihrem knochenharten Leben abgeknabbert, will nur ihre Haut retten. Ich nehme ihren Einkaufszettel entgegen.
In der Küche dorren Brosamen vor sich hin, Tassen mit ausgetrocknetem Kaffeegrund auf dem Tisch. Der Kühlschrank surrt beschwerlich, Vera schwirrt in meinem Kopf.
Ich fege mich aus, steige hinunter. Meine Gefühle zerbrösle ich auf den vier Stockwerken. Sisyphos hebt sie auf.

Draußen agitieren Menschen für ihre gesicherte krebsige Existenz und schließen Bauspar-Särge-Verträge ab, damit es sich lohnt, zu leben.

Gellende Schreie. Neugier drängt meinen Füßen eine Richtung auf. Eine Menschenkette blockiert die Straße. Ich drängle mich zwischen sie und ihre Beschimpfungen. Auf der Fahrbahn bilden Polizisten Spalier für eine brüllende bunte tänzelnde Menschenschlange. Wie ein aufkommendes Unwetter nähern sich skandierte Töne bis sie dann deutlich hörbar in diese Menschenmauer hineindonnern.

Ein kläffendes Echo schallt in meinen Ohren.

Der 8. Mai 1945 ist der Tag der Befreiung des faschistischen Deutschlands.

Der 9. Mai 1976
henkt
eine Frau
in Stammheim

Einige Steuerzahler zerreißen ihre Fesseln per Anzeige in einer Tageszeitung und bedanken sich bei ihr für ihren freiwilligen Entschluß, aus dem Leben zu scheiden.

Ich laufe grübelnd die Hermannstraße hoch. Der mollige Frühlingsgeruch kitzelt meine Nase, Sonnenlicht blendet mich, eine Träne taumelt auf meine Jacke. Ich gehe zur Telefonzelle, denn zu Hause sind die Wände eingewanzt. In meiner Hand schwitzen zwei Groschen. Ich checke einen Termin ab, lege rasch auf und verschwinde.

Aus den RAF-Fehlern lernen.
Ich muß mich noch auf eine inhaltliche Diskussion vorbereiten, die heute Abend ins Haus steht: Imperialismus und BRD.
Das Ziel verfolgen.
Es ist wie eine Lebensrettungshilfe, eine Welle, die in meinen Alltag brandet:
der Kampf
die Logik des Volkes
meine Freundin.

Die Knospen sprießen, die Vögel zwitschern die Internationale, eine Baustelle verbarrikadiert die Straße, behelmte Arbeiter stehen Schmiere...

Ich fühle mich beobachtet.
Man beschattet mich, dessen bin ich mir sicher. Eine Aufwallung von Verfolgung, ich zische: diese Schweine!

Pascal, Pascal... brüllt jemand.
Ich verlangsame meinen Schritt, erkenne eine weibliche Stimme, wende außer Atem meinen Kopf um. Petra ist es, aus meiner Klasse. Sie winkt mir zu und kommt näher.

Mann, trainierst du für Olympia oder steigt dir der Frühling in den Kopf?
Ich bin verlegen.

Der Straßenlärm bügelt durch mein Gehirn. Der Wind rammelt an die Fensterscheibe und steift ein Guten Morgen entgegen. Staub wirbelt auf und macht Schlagzeilen.

Ich schleppe mich zum Fenster.

Pep-Männer an der Trinkhalle saugen ihr Bier, löffeln Kurze und windeln über ihre Hosen hinaus.

Ich koche mir Kaffee. Der schmeckt heute nach geschmolzenem Asphalt, vielleicht einem Hauch Freiheit. Reise, eine Möglichkeit, das Öde aus meinem Leben zu entfernen, eine Art Schönheits-Operation. Ich eigne mir eine Ansichtskartensprache an und drücke mich bunt aus:

Chamäleonhäute kleben am Strand. Das Meer wälzt sich in seinen angepinkelten Wellen und grinst männerfeindliche Frauen an, die ihre Körper ausstellen.

Ich rülpse Sand.

Liebe ist die wahre Lüge. Ich vögel mich fort, denke an Perspektiven. Die Sonne sengt.

Ich hucke meine Reisetasche auf, schließe die Wohnungstür für vier Wochen ab, fliege die Treppe hinunter. Ich schmeiße mich ins Auto, fahre bis zur nächsten Tankstelle:
Volltanken, Batterie und Kühlwasser nachprüfen. Die Heimreise kann beginnen.

Ich schiebe eine Santana-Kassette ein, zünde mir eine selbstgedrehte an, schlenkere meinen linken Arm aus dem Fenster. Die Reifen wimmern auf dem heißen Asphalt. Meine langen Haare flattern durch die warme Luft und fächeln mein Gesicht. Unter der Julisonne hoppelt die Landschaft vor meinen Augen. Bäume zerhäckseln einen tuckernden Traktor, der sich über einen Feldweg frettet. Die Hitze zieht einen flimmernden Vorhang über die Straße, durch den meine Gedanken vorauskugeln: das Meer leckt mir schon die Füße. Es riecht nach der alten Provence meiner Kindheit. Eine Mischung aus Lavendel, Thymian, Rosmarin, Basilikum, deren Hauch mir die Grillen mit ihrem Zirpen zutragen.

Die französische Grenze nähert sich. Mein blauer Paß liegt neben mir. Ein athletischer, tintig angezogener Polizist mit braunem bebrilltem Gesicht hält die Hand auf. Er blickt überrascht wegen der deutschen Nummer, verlangt die Autopapiere, schaut sie genauer an, mustert mich und meinen Paß spöttisch.
Vögel kreisen über seinem Kopf.
Sie sind mit fünfunddreißig noch Student? grinst er.
Ja, und? Sie sind auch noch Polizist!
Er erwidert im Rahmen seiner begrenzten Möglichkeiten: Fahren Sie rechts ran!

Noch ein Stockwerk, dann die Haustür, die Klingel.
Es rasselt in mir.

Mein Vater, angewurzelt auf dem Sofa im verdunkelten Wohnzimmer, der Hitze wegen. Er stirbt täglich sein Leben und hat Leere auf die hohe Kante gelegt.
Er mustert mich.

Sein Blick sticht gleichgültig und liebevoll in einem. Der Bauch geniert seine Bewegungen, die welligen kurzen Haare gischten leicht für seine siebenundfünfzig Jahre.

Er streckt mir lächelnd die Hand entgegen. Ein »Wir warten schon lange auf dich« rutscht aus seinen Lippen, er verbessert sich gleich mit »wie lange bleibst du?« oder »fährst du dieses Jahr wieder in die Alpen?«, murmelt irgendwann »komm doch morgen Abend zum Essen«.

Ein Jahr Vorfreude schmilzt in mir weg. Ich schwitze Schulangst und schweige auswendig.

Die Heimat kullert in meinem Kopf. Menschliche Figuren drängen mir entgegen. Die glitschige Meeresluft dünstet meine Kindheit aus.

Meine Mutter büffelt die deutsche Sprache, mein Vater füllt den Kühlschrank mit Bieren auf. Zerstückelt in Trennungsjahren erstarrt die Freude.
Ich fahnde nach mir, suche Schatten auf, zottele durch eine Stadt, die mich beerdigt.

Reklamemenschen gondeln vorbei, Sonnenölgehirne plustern sich auf, Busen hecheln hinter durchsichtigen weißen Blusen, Ärsche kriegen in ihren bunten Hosen Platzangst. Ein alleinstehender Hund kläfft, die Bergspitzen erröten.
Ich trinke Bier: es wird Nacht in St. Tropez.

Im Rückspiegel schrumpft ein Dorf. Die hohen Berge schmettern Schatten zu Boden, Strohballen verpickeln die Landschaft neben der Nationale 75.

Ich halte an, schüttle die Hitze aus. Auf einer Restaurantterrasse mundet Einheimischen der Sommer, und Touristen fressen ihre letzten Urlaubsstunden.

Hinter meinem Rücken blüht die Provence und stirbt meine Familie aus.

Wachsgefühle tropfen aus der Telefonmuschel. Mémé*
ist tot. Ich hocke fassungslos, Tränen rollen auf meine
Wange, würgen meine Stimme. Kindheitsfetzen tanzen vor meinen Augen. In der Küche tuschelt Mémés
Uhr ihr Beileid.

* mémé = umgangssprachlicher Kosename für Großmutter

Intelligenz säuft, denkt der Kluge, frönt seiner Leiden-
schaft und macht eine Jazz-Kneipe auf.

Wohl fühlt er sich.
Aus Langeweile feilt er seine Zähne und sein wulstiger
Bauch schwappt über die Jeans. Sein Blutsaugergesicht
schnorrt Freundschaften. Heilige Kräfte wedeln auf
seiner Zunge. Er raunzt Antworten, deren Sinn nur in
Lautstärke besteht. Auf seinem federlosen Schädel,
gemästet mit aufgeblasenen Ansprüchen, schimmert
eine bucklige Vergangenheit. Er liebt die Musik und
vögelt im Takt.
Die Wahrheit liegt bei den Toten, sagt er unaufgefor-
dert, weil sie schweigen müssen. Er ist beeindruckt.

Sein Bart wächst wie Unkraut auf einer gepflegten Wiese. Kann man Menschen vertrauen, die Liebe mit Pimpern verwechseln?

Ein verkrampftes Lächeln stutzt sein Gesicht. Er ragt hervor, sieht aber kein rettendes Ufer.

Das Alter macht ängstlich, flüstert er, zottelt durch die Immobilienseite der Samstagsausgabe, rechnet meinen Mehrwert hoch zu einem real sprudelnden Sozialismus.

Auf der Straße zähmen rote Ampeln seinen Elan, trichtern ihm Befehle ein. Zu Hause dressiert er seinen verlängerten Rücken — jeden Morgen nach der ersten Marlboro —, seine empirische Wut zu zerquetschen.

Seinen Wagen bepflastert er mit Revolutionärem, bunt gemischt und genau ausgewählt: Wir sind die Leute, vor denen unsere Eltern uns immer gewarnt haben.

Die leere Kneipe wartet auf mich. Ein heimliches Tref-
fen mit einem schalen Gefühl. Ich schalte das Licht
über der Theke ein, hänge meine Wolljacke auf und
schaue mich um: Einsam wartet eine Lederjacke auf ihren Besitzer, die sieben roten Nelken auf dem Tresen
sinken beschämt in sich zusammen. Ungerührt ackert
die Uhr.

Der Schreibtisch harrt meiner. Die Schreibmaschine speichert meine Fingerabdrücke. Es scherbelt in meinem Kopf: Soll ich grunzen lernen? Mich der Gewerkschaft der Penner-Musikanten anschließen? Bumsen zum Nulltarif in der buckligen Gesellschaft sich verratender Aufsteiger?

Stechende Augen schirren mich an meine Vergangenheit.

Ich wanke

ein gebrochener Kellner

ein sich verästelnder Schriftsteller.

Ich nuckle an meiner Muttersprache, lutsche die deutsche aus, kotze den Diener an salonfähigen Orten aus.

Du verfaßt Gedichte in unserer Sprache, krittelt ein
bärtiger hagerer Mann nach meiner Lesung. Obwohl
Du aus Frankreich stammst, tüftelt er. Könntest Du
mir erklären, wie Du dazu kommst?
Mir ist mau.
Ja, geige ich schmollend, ich glaube, es muß einfach
daran liegen, daß ich kein Chinesisch kann.

Wir sind wieder wer, schnauzt der taumelnde, schleimige Dickwanst, Du, Spaghettifresser, wir sind wieder wer, schwellt er und zeigt mir seine rechte geballte Pranke. Wir sind Weltmeister, hörst Du, Kanaker-Arsch, brüllt er mich an, und fällt wie ein räudiger Hund vor meinen Füßen um.

Mein Telefon ist gestorben, mein Kater abgehauen, und ich bin in Gedanken verloren: Warum hat mein Chef Mundgeruch?

Ich renne gegen eine Wand, die immer wieder diebisch zurückweicht. Mein Vater nennt diesen Zustand: ein Ziel im Leben verfolgen. Auf Kindheitsbildern belächle ich zahnlos meine Zukunft, nun bröckle ich täglich ab. Mein Chef verhökert meine Zeit, ich mache mit, wir sind per Du.
Die Deutschen müßten ihre Sprache ausmustern, um ihre besudelte Vergangenheit zu verarbeiten.
Ich wache auf.

Er wabbelt zum Tresen. Wie ein Schuljunge stemmt er seine Arme gekreuzt auf die Theke, schmatzt, stammelt »Chef, wie geht's« und bestellt ein Pils. Eine Fistelstimme gärt in seinem Hals. Seine Stecknadelaugen naschen an wackelnden Brüsten und klemmen sich unter die Röcke. Das Bier steigert die Stimmung, prickelt in seiner Stoffhose. Er puhlt in seiner Knollennase, nippt am Glas; Zuckungen verlebendigen seine knubbelige Wange. Das Malochen hat sein zermürbtes Gehirn versenkt, hier schläfert er es ein. Er kramt in seinen verbliebenen Träumen, sägt sein Leben unwirsch vor meine Füße. Klirrende Gläser wecken ihn. Er schrubbt seine verklebten Augenlider, schaut auf die Uhr und zahlt.

Ein furchiges Lächeln schrammt über sein Gesicht.

Ich bediene Gesichter, die sich gegenseitig ihre Probleme ablutschen oder ihre Geilheit anbiedern.

Eine Logopädin verhaspelt sich auf hochdeutsch, und ihre Schminke rieselt in ihren biologischen Wein. Ein Student der Philosophie betupft sein Glas wie eine Sanduhr, am Tresen schimpft ein schmiegsamer Lehrer über die Unradikalität der TAZ und fuchtelt mit seinem linken Arm nach dem bestellten Bier. Mein Chef überlegt, wie er meine Ausbeutung vermenschlichen kann: er lädt mich zum Essen ein, wo seine Frau persönlich mit mir flirtet. Ich habe Glück.

Ich ziehe die Konsequenz, geniere mich nicht, zu sagen, was ich denke, und überlege auch nicht, wie. In der Kneipe behechle ich meinen Chef, nenne ihn einen knauserigen Schleimscheißer. Es mißfällt ihm.

Ich müsse lernen, erwidert er dann, zwischen Risiko und Freundschaft zu unterscheiden. Zu meiner Entschuldigung beichte ich gern, daß ich noch nicht alle Feinheiten dieser Sprache beherrsche.

Umsonst, ich fliege raus!

Der Regen wummert auf die Frontscheibe des Autos. Ich droßle das Tempo, zumal das Schild ›30 fahren‹ wieder vor mir steht auf dieser geschotterten Straße, und bemerke am Straßenrand, unter einem großen schwarzen Schirm, einen menschlichen Klumpen, gebuckelt hockend.

Ich schere aus, kann wegen einer Baustelle erst ein paar Meter hinter ihm stoppen und warte mit brummendem Motor. Der Regen pladdert aufs Autodach. Ich blicke in den Rückspiegel und gaffe: Der menschliche Klumpen kauert regungslos unter seinem Schirm. Ich hupe mehrmals hintereinander, drehe mich ungeduldig um. Er gestikuliert, deutet auf den hinteren Teil des Wagens, winkt ab.

Ich kann diese Gestik nicht enträtseln, schalte neugierig den Rückwärtsgang ein, lasse den Wagen vorsichtig rollen, halte vor ihm, öffne die rechte Tür. Ein helles männliches Gesicht bückt sich in den Türrahmen. Ich darf nicht mit dir fahren, sächselt er ins Auto, du bist aus dem Westen. Du, widerspreche ich ihm lächelnd, bin Franz... und schon knallt die Tür vor meine Nase.

Ich brauche eine kurze Pause, bis Berlin ist es noch weit, und biege in die nächste Raststätte ein. Ich stelle den Wagen ab, stecke Tabak und Streichhölzer in meine Jackentasche, strecke meinen steifen Körper aus. Der kleine buschige Parkplatz ist kauzig leer, nur die Außenlichter der Gaststätte leuchten.

Im Saal sitzen zwei Frauen an einem runden Tisch und blättern gelangweilt ein Magazin durch. Ein Kellner gießt geruhsam Fensterblumen. Schallendes Gelächter, rasselnde Geräusche dringen in den stummen Raum ein.

Kann man schon? befrage ich leise die zwei Frauen und bewege meine rechte Hand nach vorne. Ein buttriger Kopf klimmt aus der Theke empor, dreht sich um, taxiert mich, zieht einen tiefen Zug an seiner Zigarette und erkundigt sich nach meiner finanziellen Lage. Ich staune, gäre, schäume, besinne mich, erwidere endlich erholt, daß ich nicht gedenke diese Gaststätte zu erwerben, sondern ein...

Nein, nein, unterbricht sie mich girrend, dies ist nur für Omnibusse reserviert, verstehen Sie?

Nö.

Draußen steht ein riesengroßes Schild, fährt sie fort, nur Omnibusreisende dürfen hier anhalten, aber Sie sind mit einem PKW eingetroffen, nicht? Die Vopos werden bald kommen, und es kostet hundert Westmark.

Ach so, stottere ich, danke.

Über der Theke grinst Honecker hämisch.

Popanze warten, zur Abfertigung bereit, ihre Pässe in der Hand. Meine Knie schlottern. Vor mir steht diese Mauer, die eine Geschichte in zwei Teile zirkelt und ihre Sprache verkittet.

Als schmissiger Kellner orte ich schnell einen neuen Job. Dort begegne ich drei stümperhaften Unternehmern mit mancherlei Prinzipien. Nach dem Motto: Arbeit macht Spaß, was brauchst du Geld. Ich kokele mit meinen Rechten: gütige Bezahlung für eine geborgene schwarze Stellung.

Meine Gedanken rutschen mir aus, klatschen ihnen ins Gesicht. Sie schwitzen im kollektiven Krisenstab, gängeln das Für und Wider, schenken mir die Chance, sie zu hätscheln.

Die Vertrautheit des Gesprächs befördert meine Entlassung.

In einer neuen Kneipe verleihe ich meine Füße und Hände, erdrücke meine Hoffnungen in zwei Sprachen, bin Exote und Sklave.

Ich schnalle mich zu Hause an, haue meine Worte in die Schreibmaschine: Ich lebe im Schatten und veredle ihn.

Ich zünde Kerzen an, dämpfe das Licht in den gewölbten Kellerräumen, öffne drei, vier Weinflaschen und warte, bis die Gäste jener geschlossenen Gesellschaft eintrudeln.

Mein Chef, Herr Zumpf, prüft mit seinem schmuddeligen Blick, ob ich alles nach seinem Wunsch ausgerichtet habe, wiederholt noch »Gell, Pascal, kräftig nachschenken, nur leere Flaschen werden abgerechnet« und wischt sich den Schweiß von seiner kahlen Stirn.

Ein edles Gesicht betritt den Raum. Herr Zumpf begrüßt es stürmisch: Wunderschönen guten Abend, sehr geehrter Herr Doktor ...

Es begutachtet mich, bosselt an den Tischen, schaut zufrieden um sich, macht Herrn Zumpf ein Kompliment für die schöne Arbeit. Eine Menge flutet in den Saal, gratuliert und beschenkt das edle Gesicht mit Rosen und Sekt.

Herr Zumpf lauscht, festgeschnallt mit Hosenträgern und Gürtel, in einer Ecke. Ein horizontaler Strich zerschürft seine blasse Miene.

Unerwartete Musiker platzen herein und beglückwünschen auf ihre Art: sie wollen die Stimmung steigern!

Ich muß Platz besorgen, einen Tisch wegräumen, darf niemand stören. Eine Frau hilft mir den schweren Tisch in den danebenliegenden Getränkeraum zu tragen. Eine frühere Studienkollegin von mir. Sie ähnelt Fanny Ardant. Sie gefällt mir. Sie ist beschwipst, fixiert mich. Ich stehe auf Dir, säuselt sie und lächelt mich an.

Ich trotze meine Scham mit einem Satz heraus:

wir... können... doch... ich... meine... auf...
dem... Tisch... oder?

Sie schmunzelt, ihre Augen funkeln vor Geilheit.
Lüsterne Gedanken blähen sich in meiner Hose auf.
Wir küssen uns. Das grelle Licht ist mir unangenehm.
Ich fasse ihre runde feste kleine Brust an, zwirble ihre
Brustwarze. Sie schnallt meine Hose auf, streift meine
Unterhose bis zu den Schuhen hinunter. Ich pelle sie
auch aus. Sie betatscht meinen Schwanz, befingert
ihn. Ich schließe meine Augen. Furcht und Lust pum-
pern mir im Bauch. Nebenan höre ich das Getöse, Gelächter. Über uns? Sie lehnt sich an ein leeres Bierfaß,
spreizt ihre langen Beine, lenkt meinen Schwanz in
ihre beschlagene Scheide.

Wir brunften, keuchen, seufzen, stöhnen.

Wir ziehen uns rasch die Klamotten hoch und blicken
auf Gerümpel. Ich bin wacklig auf meinen Beinen. Ich
muß schnellstens zur Arbeit zurück.

Fahles Licht filtert die stickige Rauchluft und lotst teigige Gesichter hindurch. Ein paar schlaksige Gestalten pflanzen sich mitten im Raum auf und schütteln ihre Körper im Rhythmus der Blues-Musik. Biere segeln um die Ecke, Geldscheine flattern über die Köpfe, Gläser scheppern, Münzen klirren.
Ich bin guter Stimmung.

Vor die Theke stemmt sich ein dralles Gesicht mit krausem Haar und wulstigen Lippen. Sie wispert eine Bestellung. Runde, goldene Ohrringe hängen an ihren Ohrläppchen, ihre dunklen trüben Augen starren mich an. Oder die Theke?

LOCH DOCH
LOCH DOCH
LOCH DOCH MOL

rezitiere ich ihr zu, über den Tresen gebeugt.

Wenn se misch wedä ahmache, ruf isch moin Monn.

Erinnerst Du Dich Pascal, an den Peek und Cloppen-
burg Typ, der nach Deo-Spray böckelte und nach der
Herrlichkeit der Natur schmachtete. Oder jener, der
seine dünnen Lippen mit Sprudel benetzte, an der Zi-
tronenschale mümmelte und trotz seiner eingekeilten
deutschen Erziehung den leeren Aschenbecher in
eine Müllkippe verwandelte. Oder jener, der nicht
wußte, worüber er reden sollte, nur mit noch einem
Pils sein schwäriges Schweigen erbrach und von
schwellenden Eutern träumte.
Und dann, die Dich mitten im Satz...
Oder die mit der Anstecknadel an der Pinkjacke
»Baum ab? Nein danke«, deren Hund nach frischer
Luft japste und gegen das Stuhlbein pinkelte. Oder der
auffallende Typ, schüchtern, einsam, der sich ein Bier
nach dem andern über die Zunge kippte und endlich
mal mit einer schlanken Braut hereinplatzte, strah-
lend eine Limo dazu befahl, aus reinem Glück gar
ein Bitte und Danke hervorwürgte und grinsend
noch eine Portion Erdnüsse in sie investierte. Oder
die Dich fragten: Was trinke ich denn?, doch eine
Cola orderten, obwohl sie Ami-go-home-Denker wa-
ren?
Und dann, die Dich mitten im Satz...
Oder das pralle geschabte Gesicht, das mit Dir um die
Flick-Affäre plänkelte, mäkelte, die Grünen wollten
unsere Wirtschaft nur kaputtmachen, verärgert be-
zahlte und Dich um ein Viertel Wein bescheißen woll-
te. Oder der mit den zuckenden Augen; bekam aus po-
litischen Gründen keine Stelle im öffentlichen Dienst,
säckelte von seinem betuchten Vater aber Geld ein
und soff bis er sich und ihn vergaß.

Und dann, die Dich mitten im Satz unterbrachen, Pascal, weil sie dachten, Du wärest am Umsatz beteiligt.

Pascal taucht aus dem Erinnerungsstrudel auf. Tageslicht dringt zwischen ihn und den Spiegel. Er reibt seine Augen. Sie nehmen Konturen wahr, dann ein Lächeln auf seinen Lippen.

Wie ein Zahnarzt nach einer Behandlung wäscht er sich die Hände. In der Küche. Gründlich und ohne Eile.

2 ♀♂   L

06201/181015